Animales de la granja

# Patos en la granja

por Bizzy Harris

Bullfrog
en español

# Ideas para padres y maestros

Bullfrog Books permite a los niños practicar la lectura de textos informativos desde el nivel principiante. Las repeticiones, palabras conocidas y descripciones en las imágenes ayudan a los lectores principiantes.

## Antes de leer

- Hablen acerca de las fotografías. ¿Qué representan para ellos?
- Consulten juntos el glosario de las fotografías. Lean las palabras y hablen de ellas.

## Durante la lectura

- Hojeen el libro y observen las fotografías. Deje que el niño haga preguntas. Muestre las descripciones en las imágenes.
- Léale el libro al niño o deje que él o ella lo lea independientemente.

## Después de leer

- Anime al niño para que piense más. Pregúntele: ¿Qué sabías sobre los patos antes de leer este libro? ¿Qué más te gustaría aprender sobre ellos?

Bullfrog Books are published by Jump!
5357 Penn Avenue South
Minneapolis, MN 55419
www.jumplibrary.com



Library of Congress Cataloging-in-Publication Data

Names: Harris, Bizzy, author.
Title: Patos en la granja / por Bizzy Harris.
Other titles: Ducks on the farm. Spanish
Description: Minneapolis: Jump!, Inc., 2021.
Series: Animales de la granja | Includes index.
Audience: Ages 5–8 | Audience: Grades K–1
Identifiers: LCCN 2020040841 (print)
LCCN 2020040842 (ebook)
ISBN 9781645278863 (hardcover)
ISBN 9781645278870 (ebook)
Subjects: LCSH: Ducks—Juvenile literature.
Livestock—Juvenile literature.
Classification: LCC SF505.3 .H36718 2021 (print)
LCC SF505.3 (ebook) | DDC 636.5/97—dc23

Editor: Eliza Leahy
Designer: Molly Ballanger
Translator: Annette Granat

Photo Credits: photomaster/Shutterstock, cover, 8; narikan/Shutterstock, 1; Eric Isselee/Shutterstock, 3; Cynthia Farmer/Shutterstock, 4, 23tl; Jolanta Beinarovica/Shutterstock, 5; Miriamstockphotos/Dreamstime, 6–7; MVolodymyr/Shutterstock, 9; LMIMAGES/Shutterstock, 10–11; Joe Blossom/Alamy, 12–13, 23bl; yaibuabann/Shutterstock, 14–15; Oleksandr Lytvynenko/Shutterstock, 16 (top); photastic/Shutterstock, 16 (bottom), 23tr; David Chapmanant/SuperStock, 17; Rainer Lesniewski/Alamy, 18–19; Nature Picture Library/Nature PL/SuperStock, 20–21, 23br; Aksenova Natalya/Shutterstock, 22; Sonsedska Yuliia/Shutterstock, 24.

Printed in the United States of America at Corporate Graphics in North Mankato, Minnesota.

## Tabla de contenido

# Los patos graznan

¿Quiénes viven en este corral?

¡Los patos!

¡Cuac!

El granjero los deja salir.

Ellos comen maleza
y hierba.

Algunos patos son blancos.

Otros son de color castaño claro.

Este pato macho tiene la cara roja.

Tiene plumas verdes.

¡Qué bonito!

Este pato macho
es un ánade real.

Tiene plumas azules.

¡Tiene la cabeza verde!

Estos patos tienen la piel manchada.

Ellos son de muchos colores.

huevo

La pata pone huevos.
Ella se sienta sobre ellos.
Los mantiene calientes.

¡Ellos eclosionan!

Los patitos son amarillos.

Ellos buscan bichos.
Sus picos les ayudan.

estanque

Los patitos siguen
a mamá al estanque.

¡Qué lindos!

¡Ellos nadan!

La membrana interdigital les ayuda.

membrana
interdigital

# Las partes de un pato macho

¡Échales un vistazo a las partes de un pato macho!

# Glosario de fotografías

**corral**
Un edificio pequeño usado para guardar gallinas, patos u otros animales pequeños.

**eclosionan**
Salen de un cascarón.

**manchada**
Cubierta con manchas o parches pequeños de color.

**membrana interdigital**
La piel que une los dedos de los patos.

# Índice

# Para aprender más

**Aprender más es tan fácil como contar de 1 a 3.**

1. Visita www.factsurfer.com
2. Escribe "patosenlagranja" en la caja de búsqueda.
3. Elige tu libro para ver una lista de sitios web.